BEI GRIN MACHT SICH IHR WISSEN BEZAHLT

- Wir veröffentlichen Ihre Hausarbeit,
  Bachelor- und Masterarbeit

- Ihr eigenes eBook und Buch -
  weltweit in allen wichtigen Shops

- Verdienen Sie an jedem Verkauf

Jetzt bei www.GRIN.com hochladen und kostenlos publizieren

Lisa Prüfer

Der Studiengang International Management

GRIN Verlag

Bibliografische Information der Deutschen Nationalbibliothek:

Die Deutsche Bibliothek verzeichnet diese Publikation in der Deutschen National-
bibliografie; detaillierte bibliografische Daten sind im Internet über http://dnb.d-
nb.de/ abrufbar.

Impressum:

Copyright © 2012 GRIN Verlag GmbH
Druck und Bindung: Books on Demand GmbH, Norderstedt Germany
ISBN: 978-3-656-74205-0

Dieses Buch bei GRIN:

http://www.grin.com/de/e-book/202290/der-studiengang-international-management

Inhaltsverzeichnis

1 Einleitung

In dieser Facharbeit beschäftige ich mich mit dem Studiengang „Internationales Management". In Zeiten der wachsenden Globalisierung stehen Unternehmen in einem ständigen Wettbewerb auf nationaler und internationaler Ebene. Um die komplexen Aufgabenbereiche eines Unternehmens steuern zu können, sind Manager für ein expandierendes Unternehmen unverzichtbar. Deren interessanter und vielfältiger Arbeitsalltag hat mich dazu veranlasst, einen detaillierten Einblick in den Verlauf des Studienganges zu erstellen. Vordergründig nehme ich Bezug auf die Inhalte des Studienganges mit Berücksichtigung meiner persönlichen Motivation. Des Weiteren betrachte ich die Abschlussmöglichkeiten, Trägerschaften sowie die Berufsaussichten. Unter vielen Punkten verwende ich als Beispiel die Dr. Buhmann Schule in Hannover, da sie einen guten Eindruck auf mich macht. Auffallend ist es, dass noch keine allgemeingültige Definition des Studienganges „Internationales Management" in der wissenschaftlichen Literatur vorzufinden ist. Dieses hat mich dazu veranlasst, eine eigene Definition zu wagen, auf die ich im Punkt 3 eingehen werde.

2 Persönliche Motivation

In diesem Abschnitt möchte ich darlegen, warum ich mich für diesen Studiengang interessiere und welche Rolle meine persönliche Motivation dabei spielt. Nach meinem erweiterten Realschulabschluss habe ich eine Ausbildung zur Bürokauffrau absolviert und war anschließend in dem Tätigkeitsbereich Sekretariat beschäftigt. Bei einer Weiterbildungsmaßnahme konnte ich den Ausbilderschein erwerben. Allerdings führte der Erwerb zu keiner anderen Position in meinem Betrieb und daher habe ich mich, nach vielen Überlegungen, entschieden, mein Fachabitur nachzuholen. Ich erhoffe mir, durch einen höheren Bildungsabschluss bessere Chancen im Berufsleben zu erhalten und darüber hinaus liefert mir das Fachabitur die einzige Möglichkeit das Studium zum internationalen Management aufnehmen zu können. Durch die Tätigkeit meines Vaters als internationaler Manager sind mir die Arbeitsbereiche bekannt. Besonders hervorheben möchte ich die Vielzahl an Auslandstätigkeiten, mit denen internationale Manager konfrontiert sind. Es ist für mich sehr interessant, da diese einen abwechslungsreichen Arbeitsalltag bieten und einen Einblick in andere Kulturen ermöglichen. Natürlich ist mir bewusst, dass lange Auslandsaufenthalte flexible Arbeitszeiten erfordern und nach langer Berufserfahrung körperlich belastbar sein können. Allerdings steht für mich im Vordergrund, dass ich vielfältige Tätigkeiten annehmen kann und keinen einförmigen Arbeitsschritten mehr entgegenblicken muss. Aber nicht nur die vielfältigen Aussichten nach dem Studium spielen für meine Studienwahl eine Rolle. Nach dem Abschluss des Studiums hat man gute Berufsaussichten, worauf ich in Punkt 4 weiter eingehen werde. Eine weitere wichtige Rolle spielt für mich die finanzielle Unabhängigkeit. In der heutigen Gesellschaft spielt die Emanzipation der Frau eine große Rolle und die Unabhängigkeit von Männern wird durch die Vielzahl berufstätiger Frauen immer bewusster. Diesem Beispiel möchte ich folgen und aus diesem Grund ist es für mich ebenso wichtig, dass dieser Beruf gute Gehaltschancen bietet.

3 Aufbau des Studiums „Internationales Management"

Wie in der Einleitung bereits erwähnt, beginne ich diesen Abschnitt mit meiner Definition über den Begriff „internationales Management". Das internationale Management schließt alle Tätigkeiten eines Unternehmens an Standorten außerhalb des Heimatlandes ein. Dazu gezählt werden, der Betrieb von Niederlassungen, die Kooperation mit Unternehmen oder die Entsendung von Mitarbeiten ins Ausland.

„Mit der grenzüberschreitenden Unternehmenstätigkeit erhöht sich die Komplexität, die es im Management dieser Unternehmen zu bewältigen gilt, beträchtlich. Man ist nicht nur mit unterschiedlichen Kulturen konfrontiert, sondern muss sich zudem mit einer veränderten Wettbewerbssituation auseinandersetzen."[1] „In dem Studium Internationales Management werden die Fächer eines BWL-Studiums auf internationale Fragestellungen übertragen."[2] Unerlässlich bei diesem Studiengang ist das Erlernen weiterer Fremdsprachen. Hierbei stehen den Studierenden mehrere Sprachen zur Auswahl. Als

---

[1] Scherm, Ewald; Süß, Stefan: Internationales Management. Eine funktionale Perspektive. Vahlen, München 2001, S. 1
[2] Ohne Verfasser: Das Studium Internationales Management, http://www.internationales-management-studieren.de/das-studium-internationales-management/, 08.02.2012

obligatorische Fremdsprache gilt Englisch. Wahlweise werden an den meisten Hochschulen Spanisch oder Französisch angeboten. Das Sprachangebot erweitert sich, je nach Muttersprache der Partnerhochschule, an der die Auslandssemester studiert werden. Darauf komme ich in Punkt 3.3 zu sprechen. „[Des Weiteren werden] an vielen Hochschulen [...] die theoretischen Inhalte mit Hilfe von verpflichtenden Praxissemestern und Projektarbeiten [...] in die Praxis übertragen und vertieft."[3]

3.1 Inhalte

Die Themeninhalte variieren nur gering von Hochschule zu Hochschule. Allgemein lässt sich aber folgende Aufstellung der Studieninhalte zusammenfassen:

Betriebswirtschaftslehre (BWL): Es werden betriebswirtschaftliche Grundlagen geschaffen. Marketing oder Personalmanagement werden beispielsweise als spezielle Themen der BWL unterrichtet.

Volkswirtschaftslehre (VWL): Die Funktionsweise von (internationalen) Wirtschaftssystemen wird behandelt. Es wird beschrieben und erklärt, wie sich Volkswirtschaften und deren Teile am besten entwickeln.

Rechtswissenschaft: Es werden die rechtlichen Grundladen wie das Handels- oder Gesellschaftsrecht oder das bürgerliche Recht behandelt. Bei dem Internationalen Management wird ein besonderer Schwerpunkt auf die länderübergreifenden Regeln und Gesetze gelegt.

Besondere Studienfächer: Unter die besonderen Studienfächer fallen die Vorlesungen, die auf die speziellen Tätigkeitsbereiche in internationalen Unternehmen vorbereiten. Die Vorlesungen haben je nach Hochschule Namen wie z.B. Crosscultural Management, Internationale Wirtschaftsbeziehungen und Internationales Wirtschaftsrecht.

Schwerpunktfächer: Man kann verschiedene Schwerpunktfächer wählen. Diese sind je nach Hochschule verschieden. Zur Auswahl gibt es beispielsweise International Strategic and Media Management, International Human Ressource Management oder Internationales Steuerrecht.[4] Da ich mich sehr für die Personalabteilung interessiere und später dort eingesetzt werden möchte, würde

---

[3] Ebd.
[4] Vgl. ebd.

ich den Schwerpunkt International Human Ressource Management wählen, um mir einen Grundstein für diesen Wunsch zu legen.

Soft Skills: Unter Soft Skills versteht man sämtliche Kompetenzen, die außer der eigentlichen Fachkompetenz auch den privaten und beruflichen Erfolg bestimmen. Hauptsächlich werden dazu die sozialen und kommunikativen sowie die methodischen Kompetenzen gezählt. [5] „Aber auch die personalen, emotionalen und interkulturellen Kompetenzen sollten keinesfalls außer Acht gelassen werden."[6] In den internationalen Studiengängen ist der Fremdsprachenunterricht unerlässlich und fällt in den Bereich der Soft Skills.

3.2 Zulassungsvoraussetzungen

Die Zulassungsvoraussetzungen unterscheiden sich je nach Wahl der Trägerschaft, auf deren verschiedene Ausprägungsmöglichkeiten ich in Punkt 3.5 genauer eingehen werde. An öffentlichen Hochschulen wird für die internationalen Studiengänge meistens ein Numerus clausus, im Folgenden NC genannt, erhoben. Die HS Augsburg bestimmte im Wintersemester 2010/11 einen NC von 2,7 für Absolventen der Fachoberschule[7], während an der Hochschule Regensburg der Numerus clausus des Studiengangs International Relations Management für Absolventen der FOS oder BOS bei 2,1 lag.[8] Diese beiden Beispiele wählte ich, da ich Verwandte in Ingolstadt habe und es für mich realistisch ist dort hinzuziehen.

Im Gegensatz zu den öffentlichen Hochschulen werden bei den privaten Anbietern die Bewerber meist mit einem Aufnahmeverfahren geprüft. In diesem werden Gespräche mit den Kandidaten geführt, welche ebenfalls noch diverse Tests zu bestehen haben. Bei diesen wird die Teamfähigkeit getestet oder auch das Allgemeinwissen abgefragt. Da gerade bei internationalen Studiengängen die

[5] Vgl. Ohne Verfasser: Soft Skills, http://www.date-up.com/weiterbildung/soft-skills/#berufsbegleitende-seminare, Stand 16.03.2012
[6] Ebd.
[7] Vgl. Ohne Verfasser: Grenznoten in zulassungsbeschränkten Studiengängen an der Hochschule Augsburg zum Wintersemester 2011/12, http://www.hs-augsburg.de/medium/download/studienangelegenheiten/NC_WS2010.pdf, Stand 20.03.2012
[8] Vgl. Ohne Verfasser: Zulassungsvoraussetzung: Numerus-Clausus-Werte (NC), http://www.hs-regensburg.de/studium/studienbewerbung/zulassungsvoraussetzungen-nc.html, Stand 20.03.2012

Institutionen speziell auf die Fremdsprachenkenntnisse der Bewerber achten, sind eventuelle Sprachnachweise vorzulegen.

3.3 Auslandssemester

Um die gelernten Inhalte zu vertiefen und zu erweitern werden von den meisten Hochschulen und auch den privaten Anbietern Auslandssemester angeboten bzw. sind fest in den Studienablauf integriert. Die Dauer des Aufenthalts beläuft sich in den meisten Fällen auf zwei Semester. Die Wahl des Auslands trifft der Studierende selbst, denn die meisten Hochschulen haben mehrere Partnerhochschulen über den gesamten Globus verteilt. So entscheidet der Studierende zu Beginn des Studiums die 2. Fremdsprache, die im jeweiligen Land der Partnerhochschulen gesprochen wird. Die Dr. Buhmann Schule in Hannover (in Punkt 3.6 genauer beschrieben) bietet nach den ersten vier Semestern zwei Auslandssemester an verschiedenen ausländischen Partnerhochschulen an, wie zum Beispiel in Irland oder England.[9] Hier werden die erlernten wissenschaftlichen, interkulturellen und überfachlichen Qualifikationen in der Praxis angewandt.[10] Bei dem Studiengang Internationales Management bietet es sich ebenfalls an, Praktika im Ausland zu absolvieren und so den Arbeitsalltag in anderen Ländern kennenzulernen.

3.4 Abschlussmöglichkeiten

Der zu erreichende Abschluss ist bei den Bachelorstudiengängen, wie der Name schon sagt, der Bachelor. Wie aber die genaue Bezeichnung ist, hängt ganz von der Hochschule und deren Studiengangsbezeichnung ab. So heißen nicht alle Studiengänge Internationales Management. An der Hochschule Hannover gibt es den Studiengang International Business Studies. Diese beiden Studiengänge unterscheiden sich nur gering im Detail, allerdings ist bei der Auswahl darauf zu achten, welches die genauen Inhalte sind und mit welchen man sich vertraut

---

[9] Vgl. Ohne Verfasser: Bildungsangebote für Abitur und Fachhochschulreife, http://www.buhmann.de/bildungsangebote-fuer-abitur-und-fachhochschulreife/bildungsangebote-fuer-abitur-und-fachhochschulreife/internationales-management.html, Stand 08.03.2012
[10] Vgl. Ohne Verfasser: Das Studium Internationales Management, http://www.internationales-management-studieren.de/das-studium-internationales-management/, Stand 08.02.2012

machen möchte. Der Abschluss an der Hochschule Hannover ist der Bachelor of Science, abgekürzt B. Sc.. Aber auch die Partnerhochschulen im Ausland verleihen einen zusätzlichen Abschluss. Die SeAMK Finnland zum Beispiel den Bachelor of Business Administration oder die RGU in Großbritannien den BA International Business Management.[11] Die Dr. Buhmann Schule ebenfalls in Hannover, verleiht in Zusammenarbeit mit einer Partnerhochschule im Ausland den Abschluss Bachelor of Arts with Honours.[12] „Der Bachelor of Arts mit dem Zusatz "Honours", geht über den einfachen, "normalen" Universitätsabschluss "Bachelor of Arts" weit hinaus und bietet erheblich bessere Berufschancen. Zudem kann ein weiterführendes Master-Studium darauf folgend in kürzerer Zeit, nämlich in nur einem weiteren Jahr absolviert werden."[13] Der Zusatz Honours wird in vielen Ländern wie den Vereinigten Staaten, Großbritannien oder Kanada vergeben. Seine Studienzeit übersteigt diejenige des Bachelors im europäischen Hochschulraum um mindestens ein Jahr. Er ist als research-based Studiengang ausschließlich als Universitätsstudium existent und schließt mit einer ein- bis zweijährigen Thesis ab. Er kommt einer staatlichen Diplom- oder Magisterarbeit gleich.[14]

3.5 Trägerschaften

Schon bevor die Fachoberschule absolviert ist, stellt sich die Frage nach dem weiteren Werdegang. Um zu studieren, bieten sich mit der Fachhochschulreife verschiede Trägerschaften an. Zum einen gibt es die staatlichen Fachhochschulen, zum anderen die Akademien als private Bildungsträger. „[...] Fachhochschulen [sind] in Deutschland relativ neu [...] [und] nähern sich [...] den Universitäten an. Daher haben sich auch viele in ‚Hochschule' oder ‚University of Applied

---

[11] Vgl. Jünemann, Holger: Perspektiven, http://www.fakultaet4.fh-hannover.de/studium/bachelor-studiengaenge/international-business-studies-ibs/perspektiven/index.html, Stand 04.04.2011
[12] Vgl. Ohne Verfasser: Bildungsangebote für Abitur und Fachhochschulreife, http://www.buhmann.de/bildungsangebote-fuer-abitur-und-fachhochschulreife/bildungsangebote-fuer-abitur-und-fachhochschulreife/internationales-management.html, Stand 08.03.2012
[13] Vgl. Ohne Verfasser: Der Bachelor of Arts (Honours) - Ihre Eintrittskarte ins internationale Management, http://www.f-ibs.de/freiburg-ibs/bachelor-of-arts-honours.html, Stand 20.03.2012
[14] Vgl. Ohne Verfasser: Bachelor, http://de.wikipedia.org/wiki/Bachelor, Stand 20.03.2012

Sciences' umbenannt."[15] Anders als an einer Universität wird an Fachhochschulen ein Hauptaugenmerk auf die Praxisnähe gelegt. Meist kommen die Professoren der Fachhochschulen direkt aus der Praxis und haben einige Jahre erfolgreich in Unternehmen gearbeitet. Dieses Wissen vermitteln sie ihren Schülern also auch mit Beispielen der Wirtschaftswelt, die sie kennengelernt haben. Auch die Studienpläne werden mehr den berufspraktischen Anforderungen des Arbeitsmarktes angepasst und die Studenten erhalten eine arbeitsmarktnähere Ausbildung, welches sich als Vorteil bei potentiellen Arbeitgebern erweisen kann.[16] „Ein weiterer Vorteil: An Fachhochschulen bzw. Hochschulen finden die Vorlesungen in wesentlich kleineren Gruppen statt. Unterricht mit 30-70 Studierenden ist eher an der Tagesordnung als mit hunderten Studierenden."[17] Noch kleinere Gruppen von 20-30 Studierenden bieten die Akademien. Hierbei ist zwischen Berufsakademie und der privaten Bildungsakademie zu unterscheiden. „[…] [Die] Studienform [„Duales Studium"] wird vor allem von Berufsakademien, oft auch unter dem Namen ‚Duale Hochschule' zu finden, angeboten. Die dualen Hochschulen verleihen auch akademische und damit staatlich anerkannte Abschlüsse wie den Bachelor und Master."[18] Für mich kommt diese Art von Studium nicht infrage, da ich schon eine Ausbildung abgeschlossen habe und anschließend ein Jahr in einem Unternehmen tätig war. Ich möchte mich vollkommen auf den zu erlernenden Studienstoff konzentrieren und diesen nur mit begleitenden Praktika untermauern. Allerdings gibt es noch eine weitere Studienmöglichkeit und zwar die privaten Bildungsakademien. „Diese Akademien sind private Bildungseinrichtungen, die selber nicht staatlich anerkannt sind und auch keine akademischen Abschlüsse wie den Bachelor verleihen können. Dennoch wird an den Akademien oftmals ein Bachelor-Studium angeboten. Dies beruht auf Kooperation zwischen anerkannten Fachhochschulen und der Akademie."[19] Hierzu habe ich das Bildungsangebot der Dr. Buhmann Schule in Hannover gewählt. In dieser Bildungseinrichtung werden vier der insgesamt sechs Semester an der Akademie gelehrt und mit dem

---

[15] Ohne Verfasser: Uni? FH? Akademie? Wo soll ich Internationales Management studieren?, http://www.internationales-management-studieren.de/rund-um-den-studiengang-internationale-betriebswirtschaft/internationales-management-fh-fachhochschule-uni/, Stand 08.03.2012
[16] Vgl. ebd.
[17] Ebd.
[18] Ebd.
[19] Ebd.

Abschluss zum staatlich gepr. Kaufmännischen Assistenten Fremdsprachen und Korrespondenz beendet. „[…] das nachfolgende Studium [wird] an einer Partnerhochschule in England oder Irland [absolviert]. Es umfasst zwei Semester und führt zum Abschluss Bachelor of Arts with Honours."[20] Dieser international anerkannte Hochschulabschluss bildet eine Basis für ein folgendes Masterstudium.[21]

4. Berufsmöglichkeiten

Nach einem erfolgreichen Studienabschluss besteht die Möglichkeit, einen weiterführenden Masterstudiengang an einer Hochschule im In- oder Ausland zu absolvieren oder direkt in das Berufsleben einzusteigen. Durch die mehrsprachige, praxisnahe und internationale Ausbildung bietet es sich ebenfalls an, im Ausland zu arbeiten. In meiner Ausbildung war ich bereits einige Monate in der Personalabteilung eingesetzt. Da mir dies sehr zugesagt hat werde ich im Folgenden über den Einsatz im International Human Ressource Management, im deutschen Personalmanagement, informieren. Management bedeutet übersetzt leiten und es lässt sich das Folgende über die Aufgaben eines Internationalen Managers treffen. „Leiten wird definiert als das Lenken von Aktivitäten der Mitglieder einer Organisation in die richtige Richtung; durch Kommunizieren, Führen, Motivieren und Leiten von Gruppen. Das Leiten von Personen im multinationalen Unternehmen ist jedoch komplexer und herausfordernder als in national agierenden Organisationen."[22] Bei dieser Aussage ist noch zu erklären, dass es sich bei einer multinationalen Unternehmung grundsätzlich um eine international tätige Firma handelt. „Viele deutsche Unternehmen haben Tochtergesellschaften im Ausland gegründet, um dort […] [günstiger] zu produzieren oder von dort aus den jeweiligen Ländermarkt zu erobern."[23] Meist

---

[20] Ohne Verfasser: Bildungsangebote für Abitur und Fachhochschulreife, http://www.buhmann.de/bildungsangebote-fuer-abitur-und-fachhochschulreife/bildungsangebote-fuer-abitur-und-fachhochschulreife/internationales-management.html, Stand 08.03.2012
[21] Vgl. ebd.
[22] Baršauskas, Petras; Schafir, Schlomo: Internationales Management. München; Wien 2003, S. 16; zitiert nach: Pfeiffer, J.; Veiga J.F.: Putting People First for Organizatioal Success. In: Academy of Management Executive, Band 13, Nr. 2, 1999, S. 16-25
[23] Ohne Verfasser: Einsatzgebiete für Absolventen, http://www.internationales-management-studieren.de/das-studium-internationales-management/einsatzgebiete-fuer-absolventen/, Stand 08.02.2012

9

werden diese Außenstandorte mit deutschen Mitarbeitern besetzt, die Managementaufgaben übernehmen. „[Allerdings ist die] Voraussetzung für das Placement internationaler Managertypen […] eine Bereitstellung dieser Humanressourcen in ausreichendem Umfang. Eine Bereitstellung kann zum einen über die Akquisition […], zum anderen über die Entwicklung bereits vorhandener Führungskräfte erfolgen […]."[24] Bei der Akquisition sind die fertig ausgebildeten internationalen Manager gefragt. So auch die Personalmanager. Sie beschäftigen sich mit den Abläufen rund um Visa, beantragen Arbeitserlaubnisse und Ausnahmegenehmigungen, melden die Mitarbeiter bei Versicherungen an und organisieren Sprachtraining und interkulturelle Kurse um die Mitarbeiter auf das Ausland vorzubereiten. Außerdem planen sie Look-and-See-Trips und unterstützen gegebenenfalls bei der Wohnungssuche.[25]

5. Gehaltsaussichten

Wie in der persönlichen Motivation schon gesagt spielen die Gehaltschancen eine wichtige Rolle für mich und die damit verbundene Unabhängigkeit vom Mann. In meinem Job als Sachbearbeiterin im Sekretariat hatte ich zwar ein nettes Team, aber leider war die Bezahlung gerade ausreichend für die hohen Spritkosten, den Unterhalt des Autos, aber keines Falls um von Zuhause auszuziehen. Um dies zu ändern und endlich auf eigenen Beinen stehen zu können, habe ich mich entschieden nach der Fachhochschulreife zu studieren. Denn es ist erwiesen, dass Absolventen eines Bachelor- und Masterabschlusses ihre Konkurrenten spätestens nach zwei bis fünf Jahren Berufserfahrung überholt haben. Natürlich kommt es bei der Gehaltsberechnung auf verschiedene Faktoren an wie zum Beispiel Geschlecht, Alter, Berufserfahrung und vor allem die Größe des Betriebs. Auch vorhandene Auslandserfahrungen spielen in die Höhe der Gehälter mit ein. Wer schon einmal im Ausland war wird außerdem bevorzugt von international tätigen Firmen genommen. Um nun Zahlen zu nennen habe ich mir als Beispiel die Gehaltsentwicklung eines Personalleiters herausgesucht. Sie gehören zu den

---

[24] Ringlstetter, Max; Gauger, Janett: Internationales Humanressourcen-Management. In: Kutschker, Michael (Hg.): Perspektiven der internationalen Wirtschaft. Gabler, Wiesbaden 1999, S. 136
[25] Vgl. Ohne Verfasser: Einsatzgebiete für Absolventen, http://www.internationales-management-studieren.de/das-studium-internationales-management/einsatzgebiete-fuer-absolventen/, Stand 08.02.2012

Spitzenverdienern unter den Mitarbeitern der Human Ressources. Das Einstiegsgehalt beläuft sich jährlich auf 65.650 €. Berufserfahrung macht sich bei ihnen besonders deutlich bemerkbar, so beträgt das Gehalt nach zehn Jahren 94.000 € jährlich. Bei großen Firmen mit über 1001 Mitarbeitern kann es auf ein Jahresgehalt von 109.900 € hinauslaufen.[26] Ich sehe diese Gehaltsaussichten für mich als sehr gute Chance, unabhängig von einem gut verdienenden Mann, leben zu können.

6. Schluss

Der gegebene Quellenstand kann einen Einblick in den Studiengang „Internationales Management" vermitteln, mit einem besonderen Blick auf die Dr. Buhmann Schule in Hannover. Momentan lässt sich erkennen, dass bis auf ein paar minimale Abweichungen, der Studiengang an fast allen Institutionen ähnlich verläuft. Ich habe alle meine gesetzten Ziele zum Bearbeiten der Facharbeit erreicht und kann nun mit Gewissheit sagen, dass mir die Dr. Buhmann Schule in Hannover sehr zusagt und ich mich auf jeden Fall dort bewerben werde. Besonders geeignet sind für mich die kleinen Gruppen. Das Lernen kann so intensiviert werden und die Konzentration bleibt erhalten. Da ich mich schnell ablenken lasse, ist die Eigenerarbeitung, wie an einer Fachhochschule, zum Erreichen meiner Ziele eher ungeeignet. Desweiteren gefällt es mir, dass man an dieser Bildungseinrichtung bereits nach vier Semestern schon einen Abschluss erwerben kann. Zwar ist es noch nicht der Bachelor, aber ein Zwischenziel auf dem Weg dahin. Die verpflichtenden Auslandsaufenthalte bieten überdies für mich eine perfekte Möglichkeit meine Sprachkenntnisse zu erweitern und zu festigen. Alles in Allem lässt sich abschließend festhalten, dass das Internationale Management ein interessanter und vielfältiger Studiengang ist und ich meiner zukünftigen Studienzeit an der Dr. Buhmann Schule sehr begeistert entgegenblicke.

---

[26] Vgl. Ohne Verfasser: Gehälter für Personalleiter, http://www.personalwesen-jobs.stepstone.de/content/de/de/b2c-Gehaelter-fuer-Personalleiter.cfm, Stand 13.03.2012

Literaturverzeichnis

Baršauskas, Petras; Schafir, Schlomo: Internationales Management. München; Wien 2003, S. 16; zitiert nach: Pfeiffer, J.; Veiga J.F.: Putting People First for Organizatioal Success. In: Academy of Management Executive, Band 13, Nr. 2, 1999, S. 16-25

Jünemann, Holger: Perspektiven, http://www.fakultaet4.fh-hannover.de/studium/bachelor-studiengaenge/international-business-studies-ibs/perspektiven/index.html, Stand 04.04.2011

Ohne Verfasser: Bachelor, http://de.wikipedia.org/wiki/Bachelor, Stand 20.03.2012

Ohne Verfasser: Bildungsangebote für Abitur und Fachhochschulreife, http://www.buhmann.de/bildungsangebote-fuer-abitur-und-fachhochschulreife/bildungsangebote-fuer-abitur-und-fachhochschulreife/internationales-management.html, Stand 08.03.2012

Ohne Verfasser: Das Studium Internationales Management, http://www.internationales-management-studieren.de/das-studium-internationales-management/, 08.02.2012

Ohne Verfasser: Der Bachelor of Arts (Honours) - Ihre Eintrittskarte ins internationale Management, http://www.f-ibs.de/freiburg-ibs/bachelor-of-arts-honours.html, Stand 20.03.2012

Ohne Verfasser: Einsatzgebiete für Absolventen, http://www.internationales-management-studieren.de/das-studium-internationales-management/einsatzgebiete-fuer-absolventen/, Stand 08.02.2012

Ohne Verfasser: Gehälter für Personalleiter, http://www.personalwesen-jobs.stepstone.de/content/de/de/b2c-Gehaelter-fuer-Personalleiter.cfm, Stand 13.03.2012

Ohne Verfasser: Grenznoten in zulassungsbeschränkten Studiengängen an der Hochschule Augsburg zum Wintersemester 2011/12, http://www.hs-augsburg.de/medium/download/studienangelegenheiten/NC_WS2010.pdf, Stand 20.03.2012

Ohne Verfasser: Soft Skills, http://www.date-up.com/weiterbildung/soft-skills/#berufsbegleitende-seminare, Stand 16.03.2012

Ohne Verfasser: Uni? FH? Akademie? Wo soll ich Internationales Management studieren?, http://www.internationales-management-studieren.de/rund-um-den-studiengang-internationale-betriebswirtschaft/internationales-management-fh-fachhochschule-uni/, Stand 08.03.2012

12

Ohne Verfasser: Zulassungsvoraussetzung: Numerus-Clausus-Werte (NC),
http://www.hs-regensburg.de/studium/studienbewerbung/zulassungsvoraussetzungen-nc.html,
Stand 20.03.2012

Ringlstetter, Max; Gauger, Janett: Internationales Humanressourcen-Management.
In: Kutschker, Michael (Hg.): Perspektiven der internationalen Wirtschaft. Gabler,
Wiesbaden 1999, S. 136

Scherm, Ewald; Süß, Stefan: Internationales Management. Eine funktionale
Perspektive. Vahlen, München 2001, S. 1